皇帝穿什么

另一个角度学历史

米诺鼠童书 ◎ 编著

中州古籍出版社
·郑州·

图书在版编目(CIP)数据

皇帝穿什么：另一个角度学历史 / 米诺鼠童书编著 . — 郑州 : 中州古籍出版社 , 2023.5
ISBN 978-7-5738-0250-7

Ⅰ.①皇… Ⅱ.①米… Ⅲ.①中华文化—青少年读物 Ⅳ.① K203-49

中国版本图书馆 CIP 数据核字 (2022) 第 104650 号

皇帝穿什么：另一个角度学历史

选题策划	任　然
统　筹	蔡文洁
责任编辑	吕　玲
责任校对	岳秀霞
插　画	苗婷婷
撰　稿	任晓静
封面设计	任晓龙
美术编辑	古青风
出 版 社	中州古籍出版社（地址：郑州市郑东新区祥盛街 27 号 6 层 邮编：450016　电话：0371-65723280）
发行单位	河南省新华书店发行集团有限公司
承印单位	江苏凤凰光彩印务有限公司
开　本	710mm×1000mm 1/8
印　张	6
字　数	300 千字
版　次	2023 年 5 月第 1 版
印　次	2023 年 5 月第 1 次印刷
定　价	138.00 元

本书如有印装质量问题，请与出版社调换。

目录

周——周武王姬发	2
秦——秦始皇嬴政	4
西汉——汉文帝刘恒	6
新朝——王莽	8
东汉——汉光武帝刘秀	10
三国——魏文帝曹丕	12
西晋——晋武帝司马炎	14
南北朝——宋武帝刘裕	16
隋——隋炀帝杨广	18
唐——唐太宗李世民	20
武周——武则天	22
五代十国——吴太祖杨行密	24
五代十国——南唐后主李煜	26
北宋——宋徽宗赵佶	28
南宋——宋孝宗赵昚	30
元——元太祖孛儿只斤·铁木真	32
明——明武宗朱厚照	34
清——清世宗爱新觉罗·胤禛	36

前言

历史文明从人类摘下第一片叶子遮羞开始。从叶子遮羞到兽皮取暖，再到养蚕织布，制作服饰，服饰既承载着人类的精神追求，也反映了当时的物质生产能力。

几乎是从服饰起源的那天起，人们就将其生活习俗、审美情趣、色彩爱好，以及种种文化意识形态都沉淀于服饰之中，构筑成了服饰文化。

"衣食住行"，"衣"居首位，这里的"衣"就是指服饰，可见服饰在生活中的地位，除了在生活中有重要的地位之外，服饰的多样化也是我国悠久且丰富的历史文化的重要体现。本书从大家感兴趣的皇帝服饰讲起，通过了解服饰文化，从而加深对历史文化的理解。

米秀才，博学多才的老鼠，他可不住在下水道里，也没有教过四只乌龟功夫，他一心只爱读书，住在国家图书馆里，在本书中会为大家答疑解惑。

历史文明，从人类摘下第一片叶子遮羞开始

周——周武王姬发

● 天下归周

转眼间，中国的历史已历经了夏商两朝，商朝末年，纣王无道，周国到了武王姬发时期，国内已是一片繁荣昌盛，想取商而代之。

终于有一天，机会来了，商纣王又喝高了，派出大军讨伐东夷，国内兵力空虚。武王姬发认为时机已到，带着大军就去伐纣了，经过重要的牧野之战，最终夺得了天下。

> 牧野之战，是武王伐纣的决胜战，是周武王联军与商朝军队在牧野（现在的河南淇县西南）进行的决战。它跟小说《封神演义》里可不一样，里面没有二郎神、哪吒，更没有申公豹，但是有姜子牙，姜子牙是历史中真实人物，不过他可不会神仙法术。

● 天洗兵

伐纣出发前，为了求心理安慰，武王让号称"半仙"的姜子牙卜了一卦，结果卦象不好，但是还是出发了。

走到半路的时候突然遇到狂风暴雨，旗杆都被吹断了，武王这下心里更没底儿了，问姜子牙："这是不是上天警示，不该伐商？"姜子牙道："这是天洗兵，帮助我们洗洗浊气，可以更加意气风发地向前。"

时装秀

冕板

旒（liú），一年有12个月，在冕板板衣的前后分别悬挂12条玉串，每条玉串按照红、白、青、黄、黑的顺序排列，象征火、金、木、土、水五行相克。

月

星辰

日

蔽膝，古代系在衣前用以蔽护膝盖的围裙，有别尊卑、章有德的政治意义和象征。

龙，取其应变，象征人君的应机布教而善于变化。

山，取其稳重，象征王者庄重安静四方。

华虫（雉），雉身披五彩，象圣王体兼文明也。

宗彝，左右各一个，取其忠孝，取其深浅有知、威猛有德之意。

藻，取其洁净，象征冰清玉洁。

火，取其光明，象征帝王处理政务光明磊落，也有率天下黎民百姓及众生向归天命之意。

粉米（白米），取其滋养、养人之意，象征济养之德。

黼（斧形），白刃而銎（qióng，斧子上安柄的孔）黑，取其善于决断之意。

黻（两弓相背），谓君臣可相济，见善去恶，取其明辨，寓意臣民有背恶向善的含义。

赤舄（xì），古代天子、诸侯所穿的鞋。

● 大裘冕

周朝主打礼仪，武王对祭天特别重视，所以一定是要穿上最讲究的衣服祭天，他穿的衣服叫大裘冕，黑红颜色象征天地，上面绣上日、月、星辰、山、龙、华虫、藻、火、粉米、宗彝（yí）、黼（fǔ）、黻（fú）十二种图案，这十二种图案叫作十二章纹。穿上之后，仿佛把整个天地万物都穿在了身上，再戴上配套的冕冠，绝对的讲究。

十二章纹，是中国封建王朝帝王服饰的象征。诸侯、卿、大夫依次递减。

● 中华文明的奠基者

建立周后，周武王实施了一系列伟大措施，政治组织中的分封制，社会组织中的宗法制，经济组织中的井田制，文化思想中的礼乐制，影响中国长达3000多年。

周时，道路和渠道纵横交错，把土地分隔成方块，形状像"井"字，因此称作"井田"。

秦——秦始皇嬴政

● 天选之子

春秋战国时期,六国纷争,战乱频仍,百姓苦不堪言。后来秦国出现了一个天选之子,叫嬴政,嬴政从小就聪明伶俐,发誓要统一天下,让百姓都过上幸福日子。他发奋图强,终于一统天下,当上了历史上的第一个一统天下的皇帝,即秦始皇。

● 悲惨的童年

其实秦始皇的童年挺悲惨的,父亲被作为人质送到了敌国,在父亲艰难求生的时候遇到了一个很有远见的商人——吕不韦,接济了他老爸,后来在赵国有了他,一出生就作为人质留在了赵国。

● 千古一帝

秦始皇在中央实行三公九卿,管理国家大事,建立郡县制,统一货币、度量衡,北击匈奴,南征百越,修筑长城,修筑灵渠,影响了中国两千多年的封建统治,建立了中国历史上第一个中央集权的统一多民族国家。

可惜到了晚年,秦始皇热衷求仙,梦想长生,开始做各种糊涂事,结果动摇了秦朝统治的根基。公元前210年,秦始皇在东巡途中驾崩,结束了他传奇的一生。

古剑首以玉作鹿卢形为饰,名鹿卢剑。剑出现于西周,广泛应用于春秋,战国才盛行,并成为贵族的装饰品。在汉乐府民歌《陌上桑》中,对鹿卢剑的描述是:"腰中鹿卢剑,可值千万余。"有解释说:"鹿卢剑,因剑把用丝绦缠绕起来,像鹿卢的样子。故称。"鹿卢,即辘轳,井上汲水的用具。

时装秀

● 简约之美

作为第一个皇帝，服装自然要和以前不一样，于是，他结合五行说，大秦属水，水代表的颜色是黑色，水还是万物起源，而自己就是皇帝的起源，加上秦始皇喜欢简约，就去掉了衣服上的十二章纹，最终定了以黑色为主的简约风衣服，虽然简约，但穿上之后依然阻挡不住他的王者之气。

● 长长的大宝剑

自古宝剑配英雄，想要有好形象当然要有突显身份的宝剑，秦始皇家传的鹿卢剑就不错，但是太长不好拔出来。当年有个叫荆轲的刺客刺杀他，他在宫殿里绕柱跑了好几圈才把剑拔出来，保住了性命。据说，秦始皇不止一把剑，还有一把剑叫泰阿。

五行说，是中国古代的一种哲学思想，以金、木、水、火、土五种元素，作为构成宇宙万物及各种自然现象变化的基础。五行相生相克，金生水，水生木，木生火，火生土，土生金；火克金，金克木，木克土，土克水，水克火。

西汉——汉文帝刘恒

● 冕服颜色很多的皇帝

时移世易,转眼间,秦始皇认为的万世千秋到他儿子那里就断了,大秦的江山变成了大汉的江山。

汉高祖刘邦是个草根皇帝,对衣服也没啥讲究,大秦朝的冕服直接就美滋滋地穿上了。

不满意。

到了他儿子刘恒即位后,发现这黑色冕服不适合自己,群臣建议说,"秦朝为水德,所以穿黑色的冕服,我们大汉朝取代了暴秦,应为土德,皇上可以穿黄色的冕服",于是他就穿上了黄色冕服。

不满意。

黄色冕服穿在身上才一年,他又发现颜色和自己的肤色不搭。于是群臣又对他说,"汉高祖是赤帝子,所以大汉应为火德,皇上可以穿红色的冕服",于是乎,他又穿上了红色冕服。

很满意。

果然,红色的冕服在身,整个人都精神了,从此再也没换过颜色了。他也因此成为中国历史上第一个穿红色冕服的人,同时也是第一个穿黄色冕服的人。

通天冠,皇帝上朝专用礼冠。

袍服,一种外衣,一般里面搭配白色的内衣。

时装秀

●"抠门儿"的皇帝

虽然汉文帝刘恒是历史上穿冕服颜色较多的皇帝,但他可一点儿都不铺张浪费,是名副其实的最节俭的皇帝!皇帝当了23年,没有建造宫殿、园林,没有增添车辆仪仗。冕服都是穿旧了让皇后补补再穿。当时贵妇们流行穿拖地长衣,而他不准皇后妃子们赶时髦,觉得太浪费布了。

这一切并不是国库没钱,恰恰是多得数不清,粮仓的粮食都堆到粮仓外。古代皇帝修筑的陵墓一般都非常奢华,但他都舍不得多花一分钱,在他死后还下令丧葬从简。

看这金山银山,粮仓满满,这可都是我勤俭持家换来的。

●缇(tí)萦(yíng)救父

除了节俭这个传统美德,刘恒还废除了惨无人道的肉刑。

据说废除肉刑和一个叫缇萦的小姑娘有关,缇萦的父亲叫淳于意,医术非常高明,早年做过官。

淳于意给人看病有一些规矩,久而久之得罪了不少达官显贵。

汉文帝十三年(公元167年),有权势的人诬告淳于意草菅人命。地方官吏判他受肉刑。按西汉初年的律令,凡做过官的人受肉刑必须押送到京城长安去执行。

淳于意没有儿子,只有五个女儿,临行时都来送他,看着五个女儿,他长叹一口气说:"生女不生男,遇到急难,只知道哭,一个有用的也没有。"淳于意不知道,当他这句话说出之后,深深地刺痛了小女儿的心,15岁的小女儿缇萦决定随父进京,一路照顾父亲的生活起居。

到了京城,缇萦上书汉文帝为父求情。上书中这样写道:"我的父亲做官吏,百姓都说他清廉公平,如今犯法应该受罚。死的人不能复生我很难过,而受刑的人即使想改过自新,也没有办法了。我愿意做官府中的女仆,来赎去父亲的罪过。"汉文帝觉得很有道理,就把肉刑改为打板子。后来又正式废除肉刑。

缇萦救的不仅仅是自己的父亲,也是天下无数想要悔过自新的罪犯。

女儿也一样靠得住!

你们家主人仗势欺人,我不给他看病。

你给我等着!

肉刑是直接摧残身体的刑罚,当时的肉刑有脸上刺字、割去鼻子、砍去左足或右足等。

新朝——王莽

● 王莽篡汉

西汉被疑似"穿越者"的王莽终结。能从刘姓皇族手中把皇位抢过来，除了自身比较优秀，如从小就非常勤奋，文学修养、思想品德在社会上声名远播，他还依靠自己强大的亲戚关系，姑姑王太后——汉成帝时期的掌权太后，一路荣升至大司马。

这样的条件，怎么能久居人下？于是在他当了宰相之后，就把龙椅抢了过来，自己做了皇帝，建立了新朝。

该我们老王家坐坐这龙椅了吧。

表弟，有话好好说呀，怎么说抢就抢呀。

我可是有时光机驾照的。

● 王莽是"穿越者"？

为什么说王莽是"穿越者"呢？

首先，要从他摄政改年号"元始"说起，元始元年这一年的公元纪年恰巧是公元1年，东西方纪元从此就汇合在一起了。其次，王莽上台之后，推行了新政。例如，禁止所有奴隶婢女继续买卖，要知道在汉朝这么一个半农奴制的国家，王莽竟然仇视农奴制，像不像提倡人人平等的现代人？再次，王莽实行土地国有制，禁止私人买卖土地，简直跟现代社会一样。最后，他还发明了青铜卡尺。不管是从原理、性能，还是用途上来看，王莽的青铜卡尺与现代的游标卡尺都十分相像！

是不是听上去很魔幻？你是不是也怀疑他是"穿越者"呢？其实王莽只是想要实现他心目中完美世界的楷模，那就是周王朝，只不过历史的车轮是前进的，他想要回到以前，那必将是不可行的，而且他的每一个措施都与当时的时代格格不入，加上西汉末年本身存在的很多社会问题，还得罪了很多权贵，所以失败也就是必然的，仅存了15年的新朝就灭亡了。

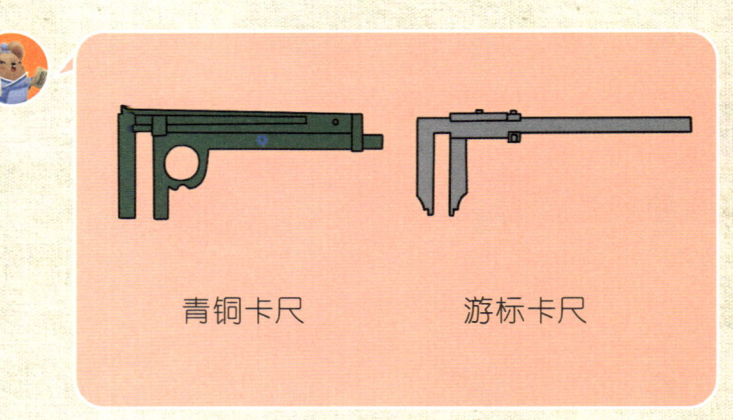

青铜卡尺　　游标卡尺

时装秀

介帻，是古代的一种包发巾，尖顶、长耳发巾，通常用于文史。始行于汉魏。

便服

● 脱发的皇帝

毕竟这个皇位是从别人那里抢来的，配不上他"小圣人"的人设，总得给自己一个名正言顺的理由。于是，他自称五行属土德，是一条黄龙，顺应天道，土的代表色是黄色，所以王莽穿的龙袍是黄颜色的，但平时都是穿戴当时流行的便服。

王莽虽然贵为新朝皇帝，但是也有烦恼，那就是脱发，为了保持

不知道千年之后脱发能不能有治疗方法……

形象，他给自己发明了一种特制的帽子[叫"介帻（zé）"]把头发包了起来，假装自己有头发。

所以，人们见到的王莽大多是头戴介帻，穿着当时的流行服饰，一副斯斯文文的模样。

● 干啥啥不行，改名第一名

王莽上台后，为了实现自己心目中的"理想国"，实施了一系列新的改革，还做了一些不太靠谱的事，加剧了新朝的灭亡。那就是他热衷于改名，比如，河西四郡：武威、张掖、敦煌、酒泉，武威改叫张掖，那张掖咋办呢，改叫设屏，敦煌改叫敦德，酒泉改叫辅平。

改完地名，又对藩属国下手，比如，匈奴单于改叫"降奴服于"，高句丽改叫"下句丽"，此举令各藩王极为不满，纷纷抗议，不愿再臣服新朝。

别急呀，改的名字多好听呀！

东汉——汉光武帝刘秀

● 安静的美男子

刘秀收拾了新朝王莽留下的乱局，成为了东汉的开国皇帝。汉家的礼仪在王莽时期被废除的差不多了，刘秀为了重振汉家的威严，决定从衣着上让大家看看，毕竟刘秀长得还是非常俊美的。有一次，刘秀穿着威武华丽的红色龙袍出现在洛阳，全城的人民都沸腾了，激动地哭喊着："不图今日复见汉官威仪。"

● 成语帝

刘秀在历朝皇帝中，学历算是比较高的，他也因此留下了许多脍炙人口的成语，比如，置之度外、推心置腹、披荆斩棘、乐此不疲、得陇望蜀、有志者事竟成。

据统计，与刘秀有关的成语将近20个，刘秀真是名副其实的"成语帝"呀。

时装秀

金博山，山形金牌，上面有蝉形纹。

 刘秀曾经在太学学习，从《尚书》中了解到治世之道。在中国的历代帝王中，汉光武帝刘秀是同时拥有"中兴之君"与"定鼎帝王"两项头衔的皇帝。

●光武帝的业务能力

放眼整个东汉，刘秀可以说是一位非常优秀的皇帝，有着非凡的业务能力。

自王莽新朝末年大乱到天下再次统一，历经近20年的时间，此间百姓伤亡惨重，为了使饱经战乱的中原尽快地恢复和发展，刘秀勤于政事，多次发布释放奴婢和禁止残害奴婢的诏书，使得自西汉末年以来大量失去土地的农民沦为奴婢的问题得到了极大的改善，战乱之后大量土地荒芜而人口又不足的问题也得到了解决。

实行轻徭薄税，减少贫民卖身为奴婢；分发救济粮，发展农业生产；兴修水利，合并郡县。这些举措极大地减轻了百姓的负担。

刘秀晚年的时候，人口数量达到了2000多万，经济也得到了极大的发展，历史上称其统治时期为"光武中兴"。公元57年，农历二月初五，刘秀在南宫前殿逝世，享年63岁。

●昆阳之战

公元23年，号称百万的新莽大军杀气腾腾直奔昆阳而来。当时守昆阳的部队却只有1万多人，在这大兵压境的危急关头，刘秀挺身而出，他亲率精锐骑兵做先锋，反复冲击敌阵，杀敌数千人。正闷头攻城的新莽军当时就蒙了，阵脚大乱，士气与战斗力直线暴跌，刘秀又率领三千勇士，悄悄度过昆水河，绕到新莽军侧后方发动奇袭，昆阳守军也杀出城，内外夹

击下，新莽军全线崩溃。此时，更奇幻的一幕出现了，突然乌云四聚、狂风骤起。霎时，飞沙走石、暴雨如注，新莽士兵以为刘秀会法术能呼风唤雨，吓得肝胆俱裂，四散逃跑。

昆阳之战是中国历史上著名的以少胜多的战例之一，当时身为偏将军的刘秀也因此一战成名。

●云台二十八将

云台二十八将，是在汉光武帝刘秀麾下助其一统天下、重兴汉室江山、建立东汉政权过程中功劳最大、能力最强的二十八员大将，后人还把这些将领与神话传说的天庭二十八星宿名称相对应，又称为"云台二十八宿"。

三国——魏文帝曹丕

时装秀

● 建安三曹

三国中,最让人津津乐道的当属曹丕建立的魏国。他们家文学基因比较好,曹丕和父亲曹操、弟弟曹植并称"建安三曹"。在皇帝的服装上,传承了秦汉服饰的样式,又结合了当时流行款式的特征。

魏晋时期汉族男子的服饰以宽松的大袖,系宽宽的腰带为时尚。魏晋时期是一个思想活跃的时代,流行这样的宽松的服装形式,想必和思想上追求自由有一定的关系。

● 被冤枉上千年

很多人认识曹丕,是从《七步诗》开始的,传说是曹丕因嫉妒弟弟曹植,让他在七步之内作诗一首,不然就杀了他。其实曹植七步成诗究竟是确有其事,还是人为杜撰,正史并无记载,《七步诗》只是被收录在《世说新语》中。

七步诗　曹植
煮豆持作羹,漉菽以为汁。萁在釜下燃,豆在釜中泣。本自同根生,相煎何太急。

●爱吃葡萄如命

曹丕爱吃葡萄到什么地步呢？这么说吧，只要醒着就会吃。他曾经说奇花异果这么多，葡萄这种水果，是最好吃的，比龙眼、荔枝都要好吃。

葡萄在中国人的审美里，有这样的寓意：紫气东来、多子多福、甜蜜如意，总之，都是与"好彩头"沾边的。古往今来，爱食此美味的又何止是魏文帝曹丕一人呢？

●驴鸣送葬

历史上最奇特的葬礼，发生在三国时期，在曹丕还没当上皇帝的时候，他结交到了当时一个很有名气的才子团——"建安七子"。据说，曹丕与这七位才子相交甚好，"行则连舆，止则接席"。"七子"之称也始于曹丕所著的《典论》一书。

"建安七子"领袖人物王粲去世时，曹丕领着一众好友站在王粲坟前祭奠，沉痛地说："他活着的时候，最爱听驴叫，我们学驴叫给他听吧！"说完，自己就先叫了一声。随后，一片驴叫声伴着哭泣声响起。这就是著名的"驴鸣送葬"。

●短命皇帝和王朝

曹丕也是一位著名的文学家，虽然在他父亲曹操和弟弟曹植的对比下稍微逊色了一些，但是他论说文成就比曹植高，他的《典论·论文》是我国文学批评史上最早的专篇论作。

可惜，他在位时间只有6年。他继承了曹操的事业，在经营国家、发展中原地区的生产方面，起了一定的进步作用。三国的魏国寿命也比较短，起始时间从曹丕登基开始算起，共经历了曹丕、曹叡、曹芳、曹髦、曹奂5位帝王，前后只有45年。

西晋——晋武帝司马炎

● 三国胜利果实的受益者

三国时期，三分天下，枭雄曹操、草根刘备、富二代孙权代表的魏蜀吴三家集团打得水深火热，而且能人辈出，就在这样一个时代，经过爷爷司马懿、父亲司马昭的努力，司马炎从老曹家手里抢到了胜利的果实，成为晋朝的开国皇帝，并且让天下进入了短暂的一统。

● 一人得道，鸡犬升天

天下太大，一个人治理不过来，就让自己的亲戚帮忙管理，司马炎大肆分封司马家的人，都是一家子，血浓于水，总不会太差，一时间司马家的亲王比牛毛还要多，普通百姓出门买菜都能遇见两三个。就连他的外戚也跟着沾光，遍布朝堂各个角落。

● 石崇斗富

京城有个富商石崇非常有钱，晋武帝的舅舅王恺也极力铺张浪费，就想与石崇比比谁更富有。王恺把晋武帝给他的一株珊瑚树拿到石崇家炫耀，不料石崇随手操起了铁如意将这珊瑚树砸烂，随即搬出了几十株珊瑚树，又高又大，株株光彩夺目。

晋武帝统一全国后，志满意得，在他带头提倡下，朝廷里的大臣把摆阔气当作体面的事。所以才发生了石崇斗富这样的事情。

时装秀

漆纱笼冠,是集巾、冠之长而形成的一种帽子,在魏晋时期最为流行。它的制作方法是在冠上用经纬稀疏且轻薄的黑色丝纱,上面涂漆水,使之高高立起,里面的冠顶隐约可见。

● 衣服也要一样的

承袭父辈的"窃取"理念,既然天下是窃取来的,那服装文化直接拿来用就好了,晋朝的服饰全沿袭前朝,所以司马炎平时穿的也是大袖宽衫,头戴当时流行的漆纱笼冠。

● 人算不如天算

司马炎的爷爷司马懿那么老谋深算的人怎么也没想到的是,他竟然出了一个脑子非常不好的后代——司马衷,也就是晋惠帝,晋惠帝你可能不知道是谁,但是这句话你一定听过——"何不食肉糜",没错,他就是这样的昏庸,西晋也因此开始走向衰败。

> 何不食肉糜,发生在晋惠帝执政时期,有一年发生饥荒,百姓只能挖草根,吃树皮,许多人因此活活饿死。消息传到了晋惠帝耳朵里,他听完后大为不解,就问大臣,百姓没饭吃,为什么不去吃肉粥呢?
>
> 后来,这句话被用来表达一些人对事物没有全面认知,没有亲身经历就对别人的处境或行为妄加评论、建议。

南北朝——宋武帝刘裕

● "草根"刘裕的崛起

晋朝一统天下没多久，就因为政治错误，导致国门防线溃败，迎来五胡乱华。胡人不会种地，只知道烧杀抢掠，好端端的太平日子眼瞅着就被祸害，汉人对他们恨得牙痒痒，奈何国家不给力。

这时身为"草根"的刘裕登上了历史舞台，刘裕小时候家里穷，寄宿在别人家，大字也不识几个，为了不饿肚子去从军，仗着长得魁梧高大，被将军赏识，自己也争气，武力好拳头硬，靠着一膀子力气南征北战，将晋朝的烂摊子收拾干净。

慢慢地，刘裕能力越来越强，野心也越来越大，心想自己为啥不做皇帝呢，好歹往祖上刨自己的根，也是大汉王朝的血脉，索性逼迫晋朝皇帝退位，自己做了皇帝，开创了南北朝时期第一个刘宋王朝，成为南朝宋武帝，他一生杀了六个皇帝，后人戏称他"六位帝皇完"。

刘裕戎马一生，拯救了濒临灭绝的汉文化，也为后来隋唐的繁盛打下了基础。只可惜，天妒英才，仅仅当了两年的皇帝，就驾鹤西去了，年幼的儿子们还是没能守住这乱世里的江山。

兜鍪（móu），古代作战时戴的金属头盔。

护肩

明光铠

时装秀

●明光铠

因为刘裕小时候经常过苦日子,知道老百姓的难处,所以当了皇帝后,大都从老百姓的利益出发,多次遣使访民间疾苦,减轻赋税,废除门阀贵族专政,重用寒门士子,让老百姓也有进入朝堂的机会。这一改动大大推动和促进了江南经济的发展,对汉文化的保护与发扬做出了巨大贡献。

受胡人文化的影响,加上马上得来的天下,刘裕身着的服饰也出现变化,从以前的破棉袄到后来的明光铠,头戴兜鍪,翻身上马,下马奔走两不误,任谁看了都得夸声帅气!

●梅花妆

刘裕有一个女儿寿阳公主,因为一次贪玩,在宫里的梅花树下睡着,正好刮起一阵会做造型的风,将几片梅花不偏不倚地吹落在公主的额头上,跟公主额头上的汗珠发生了神奇的碰撞,让公主显得更加美艳动人了。爱美之人纷纷效仿,后来便有了梅花妆的盛行。

> 大自然赐予的,就是最好的。

> 我这一膀子力气,再加上这刀枪不入的明光铠,还有谁能打得过我?

明光铠名字的由来据说与胸前和背后的圆护有关。因为这种圆护大多以金属制成,并且打磨得极光,颇似镜子。在战场上穿此,由于太阳的照射,会发出耀眼的光,由此得名。其样式很多,繁简不一:有的只是在胸部前后各加两块圆护,有的则装有护肩、护膝等。身甲大多长至臀部,腰间用皮带系束。

梅花妆后来有所发展,不只是黄色,还有红色、绿色;也不只有梅花形,也有动物形,比如,小鸟、小鱼、小蝴蝶等;材料也不只有金箔,还有纸片、玉片、干花片、鱼鳞片等,最妙的是用蜻蜓翅膀。

> 抢吧!兄弟们!

五胡乱华,指在西晋时期塞外众多游牧民族趁西晋八王之乱,国力衰弱之际,陆续建立数个非汉族政权,形成与南方汉人政权对峙的时期。"五胡"主要指匈奴、鲜卑、羯、羌、氐五个胡人大部落,但事实上五胡是西晋末乱华胡人的代表,数目远非五个。

隋——隋炀帝杨广

时装秀

● 恢复古制

隋炀帝的父亲隋文帝杨坚统一中国后，厉行节俭，衣着简朴，不注重服装的等级尊卑，经过20多年的休养生息，经济得到了恢复。但是隋炀帝即位后，崇尚奢华铺张，为了宣扬皇帝的威严，恢复了秦汉时期的章服制度。

● 争夺皇位

父亲做了皇帝，儿子杨广当然也翻身做了皇子。杨广才华出众，甩别的纨绔子弟几条街，读书骑射一看就会，样样精通。一想到自己那个资质平平的大哥杨勇将来要做皇帝，心里就极度不平衡。于是，他在当晋王的时候，就广纳人才，学习各种治理才学，将自己的管辖之地治理得井井有条，被百姓称赞。

杨勇本来就毫无建树，在弟弟杨广的衬托下就更加彰显得自己的无能，加上又有宠爱自己的母亲在父亲耳边吹耳边风，杨广终于如愿当上了皇帝。

说出一个你比我强的理由，我就不抢皇位！

我是长子呀，比你早出生啊！

虽然野史上说他弑父杀兄夺位，但毕竟无从考证，也有可能是他当皇帝之后的穷兵黩武、滥用民力引起民愤的杜撰。

● 有争议的皇帝

隋炀帝虽然极具争议，有人说他好，有人说他荒淫无道，但有一些功绩是不可否认的。比如，他的统治给后来的大唐盛世打下了基础，留下了京杭大运河这一道传世的风景，开创的科举制也一直沿用到清末。

 科举制度是古代中国及受中国影响的日本、朝鲜、越南等国家通过考试选拔官吏的制度。历史上国外的学子还会跑到中国去参加考试呢。

● 京杭大运河

当上皇帝之后，隋炀帝开启了一系列措施，其中最出名的就是修京杭大运河。隋炀帝花光国库也要修京杭大运河，并不是像野史那样说的只是为了贪图享乐，方便自己下江南游玩，而是他目光长远，想要为国家谋取长远的战略利益，促进经济的发展，让国家更加富足。

当时的隋王朝处于内忧外患之中，隋炀帝为了让北方安定下来，必须派军队在边境驻扎，那么就要保障后方的军需，而中原的粮草远远不够，还需要靠江淮地区的接济。只有修京杭大运河，才能解决陆地运输效率低下的难题。

走，挖河去！

我发明的考试，你们喜欢吗？

唐——唐太宗李世民

● 盛世从自己当皇帝开始

盛世还是要看大唐，五代十国乱了太久，被隋朝取代，可惜隋二代杨广引起了公愤，人民又拿起锄头开始起义，结果这下便宜了自己的亲戚——李家。

作为杨广表侄的李世民也跟表叔一样，在家排行老二，武力出众，才华横溢，又长得一表人才，这样的条件一看就是当皇帝的苗子。

可那时候的规矩是立长子当太子，可偏偏大哥资质平平，表叔杨广便杀了自己的大哥当上皇帝，轮到自己这，索性在玄武门带着自己的二十四太保来个篡位，杀兄囚父，自己当上皇帝，跟着他的二十四太保也被画成画像供奉在凌烟阁，称为"凌烟阁二十四功臣"，从此大唐的盛世由此开启。

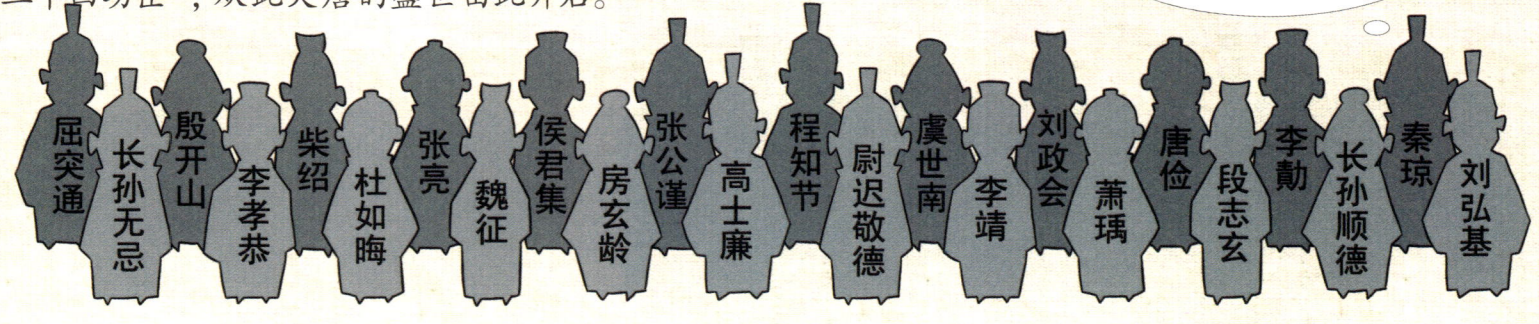

● 皇帝身边彪悍的女人们

唐朝的民风颇为彪悍，尤其女子个个都称得上"女汉子"，这一切的缘由还要从李世民说起，因为他家的女人那也是彪悍至极。奶奶元贞皇后独孤氏，老妈太穆皇后窦氏，姑姑同安公主，老姐平阳公主，个个都是女中豪杰，以彪悍著称，特别是老姐平阳公主，在战场上砍人眼都不眨一下，大唐女子彪悍的风格由此可见一斑，也因此诞生了第一位女皇帝——武则天。

时装秀

幞（fú）头，又名折上巾、软裹，是一种包裹头部的纱罗软巾，起始于汉代。

柘黄绫袍

九环带，是指古代帝王贵臣的腰带。

六合靴，用皮革制作，短靿，一般色黑，用六块皮革缝合而成，故叫作"六合靴"。

● 皇帝专用色

民风开放的唐朝，穿着上也随意许多。李世民常年打仗，穿习惯打仗的衣服，所以常穿的衣服则是便于行动的军服——常服。据典籍记载，太宗的常服为黄袍衫，折上头巾，九环带，六合靴，皆起自魏、周，便于戎事。至此，以黄色作为皇袍颜色成为惯例。后世也常常以黄色作为皇帝专用色。

● 皇帝软萌的一面

再彪悍的汉子，内心也有柔软的时候啊，对待自己的臣子，也是软弱得像个小猫一样，被魏征那个直肠子骂得只能回家找皇后哭诉；自己的儿子犯错，也被文官逼迫的，只能亲自下令放逐，自己还不能抱怨；还有想偷偷看下自己的起居注，都被人骂得狗血淋头，给后世留下了想篡改历史的污点。然而，就是这样一个并非完人的皇帝，开创了一个被人称赞的大唐盛世，也让唐朝成为万国敬仰的无上之国。

● 步辇（niǎn）图

唐朝有一幅《步辇图》，是唐朝画家阎立本的名作，中国十大传世名画之一。内容反映的是吐蕃（古代藏族政权）赞普松赞干布迎娶文成公主入藏的事。有趣的是画面上给李世民抬辇的是一群宫女，可能在古代这是崇高身份的象征吧。

这排场，够讲究吧。

武周——武则天

● 做过尼姑的女皇帝

公元637年，14岁的武则天因貌美被太宗召入宫内，赐名"武媚"，并封为"才人"，本以为从此就要走上人生巅峰，可谁知这个"才人"一做就是13年，更惨的是太宗驾崩后还被送到了感业寺当尼姑。还好在为太宗侍疾期间和太子李治打下了良好的感情基础，念了两年佛后，武则天被李治迎回宫中，以飞一般的速度登上了皇后的宝座，从此一发不可收拾，直到登基为帝，改国号为"周"，史称"武周"，成为中国历史上第一个女皇帝。

> 好好参悟一下女性该如何过好精彩的一生。

> 虽然是我死后，儿子才娶了她，但心里还是觉得别扭。

● 女皇的争议

要说女皇备受争议的，还是亲手杀了自己的女儿来换取皇后之位的传说，但毕竟是野史，真假难辨。至于为啥嫁了唐太宗后还能再嫁唐高宗，这可能和唐朝的观念有关吧，唐朝一向鼓励寡妇再嫁，以增加人口，要知道，古时候的人口就是财富，况且像武则天这样的美女再嫁也是正常。

> 村里有个姑娘叫媚娘……长得好看又善良……

● 爱改名字的女皇帝

武则天在入宫后，被唐太宗赐名"武媚"（也有"妩媚"一说）。称帝后，她以"武曌（zhào）"为名，《新唐书》和《旧唐书》说武氏名"曌"，但是"曌"是武氏称帝之后造的字，所以不可能为父母所起的名字。

除此之外，她还给自己取了很多名字。比如，天后、圣母神皇、则天顺圣皇后等。她在位期间，频繁更换年号，据说，她和唐高宗前后加起来换了30多个年号。可能，这大概就像我们现代人经常说的改网名吧。

●石榴裙

石榴裙可以说是唐代的时尚单品,非常受当时女性的喜欢。武则天在感业寺当尼姑时,写过一首诗《如意娘》,里面写道:"不信比来长下泪,开箱验取石榴裙。"后来唐高宗看到这首诗,把她召回了宫中。

皮弁,一种用皮革制成的帽子。

时装秀

女性当家作主的朝代就是好。

裙,是唐朝时女子非常重视的下裳。制裙面料一般多为丝织品。裙腰上提高度,有些可以掩胸,上身仅着抹胸,外披纱罗衫,致使上身肌肤隐隐显露。

●无字碑

公元705年,武则天结束了15年的女皇生涯,以皇后的身份和唐高宗李治合葬乾陵,为自己立无字碑。要说她在位期间,发展科举,还重视农业发展等,也算得上一代明君,但是她任用酷吏,喜好大兴土木,耗费了大量的钱财和人力,也一定程度上削弱了大唐的国力。总之,功过都留给后人说吧,正如她的无字碑一样,但她是历史上第一个女皇帝,这是无可厚非的。

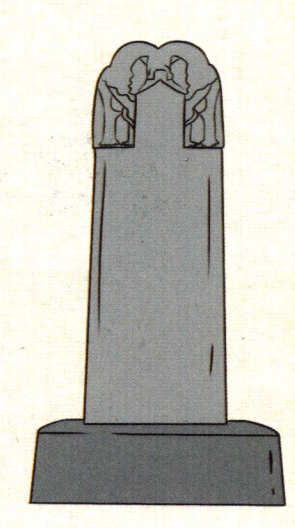

五代十国——吴太祖杨行密

●神行太保

五代十国是中国历史上一段大分裂时期。不过据说五代十国也是有明君的，只不过稀罕一点儿，而杨行密恰好就是。杨行密是农民出身，最后成了吴的开国皇帝。他是个子高、身体壮、跑得快。注意了，这个跑得快，可不是一般的快，并且耐力十足，据史料记载，杨行密能"日走三百里"，所以，有人称杨行密是现实中的"神行太保"。

> 如果生在现代，我当个运动员也不错。

●皇帝的运动服

因为经常跑步，所以杨行密当上皇帝后还是喜欢穿便于行走的常服，穿上圆领袍衫，戴上幞头，再穿上六合靴，这可以说是古代皇帝的运动服了。

● 长得"不一般"是会被放生的

除了跑得快，杨行密的独特长相也很加分。据《新唐书·杨行密传》中记载，早些年杨行密为了混口饭吃，做了强盗，被当地刺史抓到，本来要吃牢饭了，结果当地的刺史一看，"呦，这娃长得不一般哪"，刺史问他："依你的相貌，将要富贵了，为什么要做强盗？"当下就把他放了……之后的杨行密入了军营，大概他天生就是当兵的料，没多久就从小兵升到了队长。再后来杨行密放了大招，直接杀了长官，占据了庐州，被朝廷授予庐州刺史一职，为他后来创建南吴政权创造了条件。

在他占据庐州期间，不仅没有发生过任何混乱，农业、经济等各方面还得到了很大的发展。尤其是庐州兵，在他的带领下变成了一支纪律严明、战斗力强悍的州兵。

● 装瞎三年

当上皇帝后感觉到自己老婆的弟弟朱延寿有谋反的心思。但是朱延寿手握重兵，又不能明着杀了他，于是开始了长达三年的装瞎表演，假装自己身体不行了，然后趁对方松懈时将他杀掉。为了达到以假乱真的效果，还故意把自己撞晕。凭借着"影帝级"表演，杨行密成功地解决了谋反。

杨行密在位期间，选拔贤才，招集流散，轻徭薄赋，劝课农桑，使得江淮一带社会经济在战争的间隙有较大恢复。叛乱在即，能靠精湛的演技避祸。所以，无论是从他的政绩也罢，还是他极具智慧的性格也罢，他都是当之无愧的明君。

● 吴王遗踪

清嘉庆《合肥县志》载："杨行密墓，在城西北六十里，吴山庙集东。"相传百花公主为父守灵在此建一庙宇，后人称此地为吴山庙。今"吴王遗踪"已成为"合肥十景"之一。

千百年来，吴王庙几遭战火，历经兴衰。现存庙宇砖墙瓦屋，雕梁画栋，塑像碑刻，庄严肃穆。上庙敬香的人连年不绝。庙侧有吴王墓和子杨博及百花公主坟。

五代十国——南唐后主李煜

不情愿是真的不情愿

南唐后主李煜（yù）身为他爹李璟的第六子，本该与皇位无缘的，自己也一直醉心于诗词山水，吃喝玩乐，鉴于此，也没有人把他当继承人培养。很不巧，他的二哥、三哥、四哥、五哥，全部早夭，身为皇太子的大哥李弘冀因为担心叔叔和自己抢皇位，在下手毒杀了自己叔叔后，也病逝了。于是，皇位自然就落到了李煜身上。没办法，就算不情愿那也得继承皇位吧。

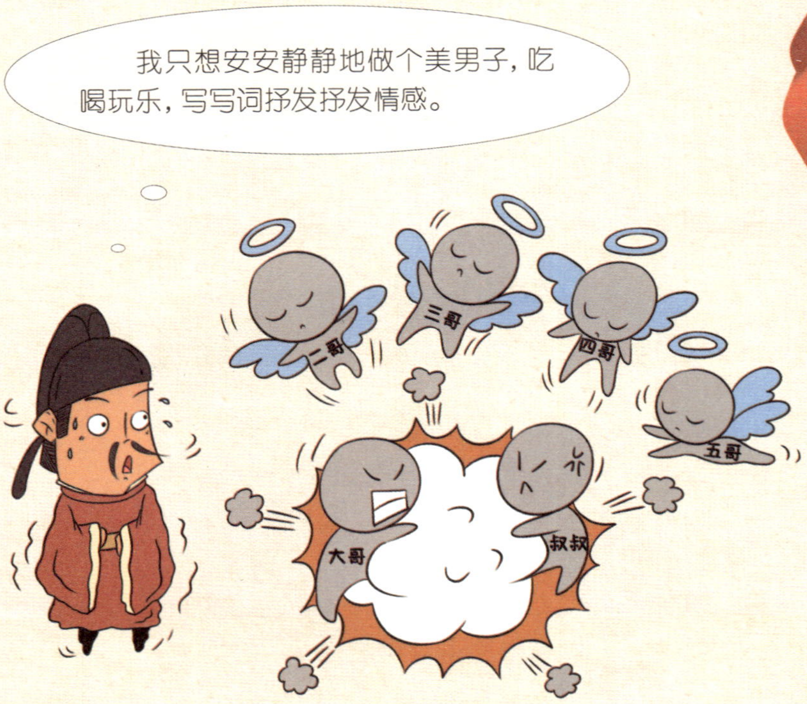

我只想安安静静地做个美男子，吃喝玩乐，写写词抒发抒发情感。
二哥
三哥
四哥
五哥
大哥
叔叔

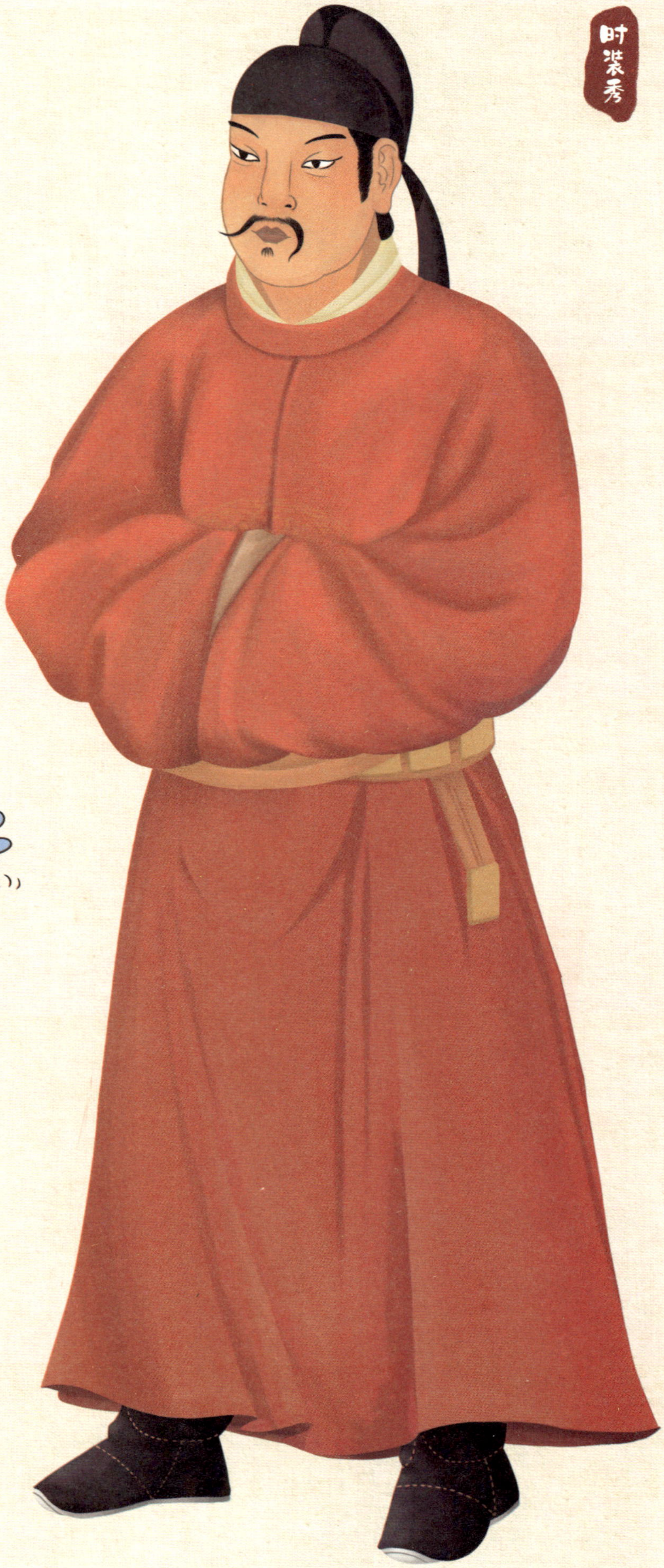
时装秀

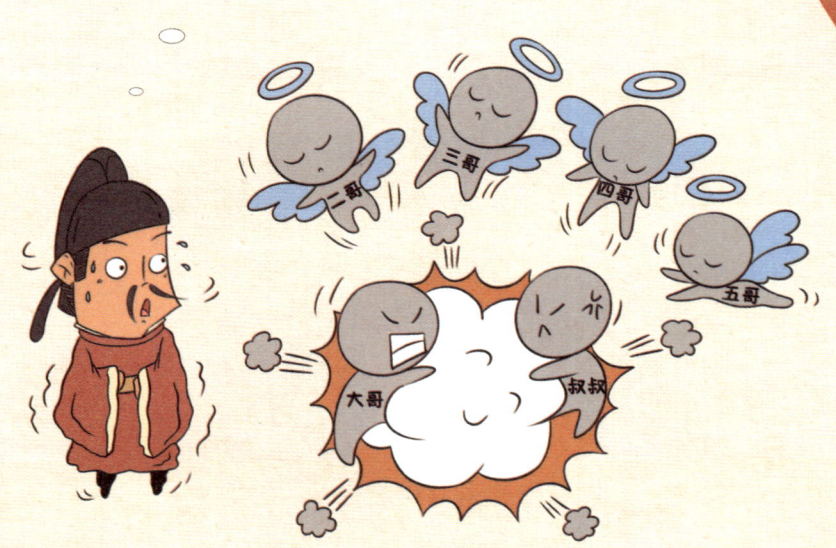

才华横溢的皇帝

说李煜是最会写词的皇帝，相信没有人反对，现存可以确定是他写的有38首，虽然存量不多，但足以证明他是最会写词的皇帝了。

浑身上下都散发着艺术细胞的李煜，他的日常着装是精美的圆领袍衫，脚蹬皂靴，腰束鞓（tīng）带，头戴幞头。

● 受百姓喜欢的皇帝

说到李煜之所以能继承皇位，还有个说法是李煜其中一只眼睛有双瞳，被认为是舜的转世，这可不得了，在古代出现一个说是舜转世的人，谁还不服？

虽说这个皇帝不是专业的，可李煜宽宏仁厚，知人善用，体恤百姓，政治清明，南唐一度还算富裕，虽然他也确实在风花雪月、礼佛诵经中疏于朝政耗费了很多钱财，但是相比于其他亡国之君，李煜有个神技能，那就是作为皇帝李煜人格魅力极大，后世估摸着应该是仁爱有方，所以尽管南唐算是个烂摊子，但人民并不怨他。甚至在城破时，臣子还求赵匡胤不要杀他，他被俘，全城百姓还痛哭流涕……这在历史上，也算是独一份的存在了。

● 生于七夕，死于七夕

李煜才华横溢，工书善画，能诗擅词，通音晓律，是当之无愧的"千古词帝"。话说他来到世上和离开世上的日子竟然都在七夕。农历七月初七，牛郎织女鹊桥相会，从古时的"乞巧节"发展为现在的"情人节"，七月七在人们心中是一个充满浪漫、甜蜜的代名词。然而就在公元978年的七夕，他过完了自己最后一个生日，写下一首中学生必背古诗词——《虞美人·春花秋月何时了》之后被赵广义一杯牵机毒酒，了结了此生。"千古词帝"悄然离世。

虞美人·春花秋月何时了
李煜

春花秋月何时了？往事知多少。小楼昨夜又东风，故国不堪回首月明中。
雕栏玉砌应犹在，只是朱颜改。问君能有几多愁？恰似一江春水向东流。

相见欢·无言独上西楼
李煜

无言独上西楼，月如钩。寂寞梧桐深院锁清秋。
剪不断，理还乱，是离愁，别是一般滋味在心头。

北宋——宋徽宗赵佶

●皇帝转世

南唐后主李煜死后的第104年,老赵家一个叫赵佶(jí)的孩子出生了。

据说,在赵佶出生前,他爹宋神宗曾到秘书省瞻仰了南唐后主李煜的画像,并对这位亡国之君的儒雅风度和绝世才华赞不绝口。可能是白天想的有点多,一天夜里宋神宗睡觉的时候竟然梦到了李煜,至于在梦里俩人说了什么不重要,重要的是一觉醒来听闻嫔妃陈氏生下一个男婴,可把他给高兴坏了,并为这个男婴取名为赵佶。于是,赵佶是李煜转世的说法就流传了开来,至于怎么就扯到转世了,只能说大概是因为俩人都特别有艺术细胞吧。

让我瞅瞅,不会又是皇帝吧!

●优秀的艺术家

说赵佶是李煜转世,是因为他简直是李煜的进化版,比李煜还要有才,是一名优秀的艺术家。在书法方面,他独创"瘦金体";在绘画方面,他的《瑞鹤图》《柳鸦图》等皆为传世佳作;在诗词方面,有《宋徽宗词集》;在建筑方面,他修建了著名宫苑"艮岳";在茶事方面,他撰写了中国茶书经典之一的《大观茶论》,为历代茶人所引用。也就是说,除了作为皇帝该干的事他不干,其他啥都干,还干得不错。

●都是"六贼"惹的祸

北宋六贼,是北宋年间六个奸臣的统称,这六个人分别是蔡京、童贯、王黼、梁师成、朱勔、李彦。在蔡京的引导下,赵佶变得奢靡浪费,挥霍无度。王黼还带着赵佶在皇宫里搭建了一个小型影视基地,俩人带领一众宫女太监在里面玩起了cosplay。为了寻欢作乐,宋徽宗命令宫女、太监充当商贩顾客,自己却跑去扮演乞丐,在"闹市"中行讨。此外,蔡京和王黼又联合童贯、梁师成、朱勔、李彦,结党营私、贪赃枉法、滥使职权,大肆搜刮百姓,将民间弄得民不聊生。

除了皇帝当不好,其他我还不错呀!

●这个皇帝穿的是道服

身为一个有颜值有艺术细胞的皇帝,赵佶在自己《听琴图》中的装扮非常有代表性,宽大的道袍在身,让他显露出几分仙风道骨来。因为赵佶十分信奉道教,曾经在皇宫附近兴建道观,请道士讲道,并封自己为"教主道君皇帝"。把自己装扮成一个道士模样,正是以"教主道君皇帝"的身份自居。道衣为茶褐色,衣身宽大,四周用黑布为缘,称道袍,为文人或道士所穿。

●坑儿子的爹

最后要说的就是赵佶还是个会甩锅坑儿子的爹,人都是坑爹,他是坑儿子,公元1125年,金军来犯,即将攻进都城,赵佶听闻,吓得屁滚尿流,赶紧传位给儿子赵恒,但是最终还是没有躲过灾祸,全家都被带到了东北。

南宋——宋孝宗赵昚

● 漏网之鱼

赵佶一家被打包带到东北后，眼看着大宋的江山就要旁落别家了，但是万万没想到，老赵家的儿子太多，一个不小心出了一条漏网之鱼，这就是赵构。靖康之变的时候赵构外出求救，等回来的时候，老爹和哥哥已经被掳走了，怎么办呢，自己当皇帝呗，结果龙椅还没坐热乎呢，金国人又打回来了，赵构充分发挥了老爹的祖传技能——跑路，一路向南跑到了杭州，将江山也安顿在了这江南一隅，史称南宋。在签了几个和议并且以"莫须有"的罪名弄死了大将岳飞后，赵构以"倦勤"为由禅位给了赵昚（shèn），也就是我们今天的主角，带领着南宋又红红火火地进行了几十年，可以说是南宋史上最有作为的皇帝。

 倦勤，本指厌倦于勤劳的事。后引申为天子厌倦于政事的辛劳，懒于从政；或高官将辞官告退。今比喻官吏自动辞职。

● 皇帝转世成皇帝

生平爱好只有读书写字的乖宝宝赵昚即位后，做的第一件大获人心的事情就是为岳飞平反，一代名将在被害20年后沉冤昭雪。紧接着，他又整理律令、改革军制、兴修水利、发行纸币、轻徭薄赋等，南宋王朝一时政治清明，经济发展，文化繁荣，百姓安康，所以，他是当之无愧的南宋中兴之君！

●当上皇帝路上的小插曲

　　这么英明神武的皇帝，其实在继承皇位的路上并不是一帆风顺的，当时皇位候选人有两个，本来赵昚是占据下风的，后来直到一只猫的出现，才扭转了这种局面。一日，赵构正激情点评两个娃的作业时，一只猫闯了进来，面对这么一只浑身上下都写满了"摸我"的萌猫，赵昚认真听讲不为所动，而另一候选人赵璩（qú）直接跑去踹猫，于是赵构心里开始偏向了赵昚。

时装秀

通天冠，又名卷云冠，冠上缀卷梁二十四道，高一尺，卷梁宽一尺，戴时用玉犀簪导之。

白罗方心曲领

绛纱袍

中单

赤舄（xì）

元——元太祖孛儿只斤·铁木真

●名字是抢来的

公元1162年，也就是赵构把皇位传给赵昚的这一年，在蒙古族乞颜部，首领也速该生擒了塔塔儿部的首领铁木真兀格，就在琢磨着怎么记录这辉煌时刻时，部下来报他的儿子出生了，在这双喜临门的时候，他灵光一闪，计上心头，有了！儿子就叫铁木真！可能我们现在是不能理解，但是在当时的蒙古大草原，这大约是对胜利最好的纪念了。

把你名字给我儿子用吧！

就要个名字而已，不至于把我抓了吧。

看来抢东西会有报应的啊！

●抢抢抢

好景不长，在铁木真9岁的时候，他的父亲被敌人给毒死了！于是铁木真母子成了另一个部落的战利品，从此过着寄人篱下饥寒交迫的日子。

铁木真的名字是他父亲为他抢来的，他的母亲也是他父亲抢来的。因果循环，长大后，他的妻子也被别人抢走了，后来还是在义父王汗和盟友的帮助下才又夺回了妻子，顺便还抢回了一堆战利品。

●不是自己强，是对手太弱

在夺回妻子后，铁木真在草原上开始有了些名气，于是他迅速召集父亲的旧部，在蒙古乞颜部的基础上很快扩大了势力，开始吞并小部落。早年的盟友扎木合遂联合不甘心被吞并的小部落，发动了对铁木真的战斗，这就是蒙古草原上重要的"十三翼之战"。万万没想到，扎木合虽然打赢了十三翼之战，却迅速走向了没落，这又是为什么呢？老话说得好，不作死就不会死，因为打了胜仗的扎木合架起了70口大锅，把俘获的原来从他这边投靠到铁木真那边的部下烹煮了。如此反人类的举动，引发了草原人的众怒，原本跟他联合的部落只是不想看着铁木真壮大把自己吞并了，但扎木合这是把人的命都收了，比较之下，这些人火速转投到了铁木真的帐下，联合起来对付扎木合，毕竟没有什么比自己的小命更重要。

●可汗的着装

或许是过多了苦日子,即使后来成为了可汗的铁木真也很是节俭,一直穿的都是游牧民族的衣着,仍保持艰苦奋斗传统,貂皮暖帽是他冬天的最爱。

时装秀

●成吉思汗

铁木真一生过不了没有敌人的日子,甚至在教导儿子们的时候也是这样的,"天下地土宽广,河水众多,你们尽可以各自去扩大营盘,征服邦国"。只要马儿不歇,铁木真就停不下来,铁木真向西攻打到中亚细亚、克里米亚半岛,并且一路攻无不克。1227年,铁木真病死在六盘山的军营中,他不知疲倦、信奉征服、以抢夺镇压为最大乐趣的人生才终于结束了。

我只想安安静静吃口草,不想一直跑……

明——明武宗朱厚照

● 90后的皇帝

作为明朝历史上的90后皇帝（公元1491年），他是独生子，爹疼妈宠，而且作为历史上最会玩的皇帝之一，人家还不耽误学习，不止一位老师向明孝宗（他老爹）表示：太子聪明绝顶，教的东西一说就懂。他的日常装扮也是酷酷的，四团龙盘领窄袖袍，戴翼善冠，束红缂（zèng）金玉銙（kuǎ）带。

● 预防针要从小打起

根据史料记载，有一天明孝宗带太子朱厚照抄小路出宫玩，走到了六科廊（就是言官办公的地方），小厚照大声地问："爸爸，这里是什么地方？"孝宗吓得连忙摇手说："不要那么大声说话，这里是六科官员办公的地方。"小厚照看到父亲小心谨慎的样子，不解地问："难道六科官员不是您的臣子吗？"孝宗说："祖宗设六科，是为纠正君王的德行，如果让他们知道我们半夜跑出来，奏折立刻就会送到我们面前。"于是，小厚照被提前打了预防针。

时装秀

翼善冠，有金色编织，也有漆纱为之。

四团龙盘领窄袖袍

红缂金玉銙带

抓不到我，抓不到我……

皇上，不可以瞎逛哦！

● 皇帝的特殊爱好

身为一个皇帝,朱厚照一生都在追求放荡不羁的自由。这可以从他的种种爱好来说,他偏偏不爱皇宫爱市井,在宦官刘瑾的诱导下在西华门外建造宫殿,造密室于两厢,称为"豹房"。据说这所精心修建的豹房构造十分复杂,就像是一个迷宫一般,里面除了豢养大量老虎、豹子之类的猛兽之外,妓院、校场、佛寺等应有尽有,而他也开启了每天在豹房撸猫的生活。

除了豹房,朱厚照还把自己打扮成富商,将集市开到了深宫大院,内侍和宫女扮成商人旅人,广置货物,把宫内变为了一条商业街。

● 不着调的皇帝

朱厚照因为属猪,就不让百姓养猪,但是自己又喜欢吃猪肉,所以又说可以养猪了。

● 被误解了

喜欢在宫里自扮商人,沉迷于游乐酒色,宠幸太监……看似昏君的朱厚照却能在弹指之间诛刘瑾、改革江南赋税、强化市舶司职能,甚至亲征北伐,打败蒙古小王子。不仅如此,朱厚照天资聪颖,精通佛教、伊斯兰教,还是第一位会说西欧语言的中国皇帝。小事上不拘礼节,大事上绝不糊涂,所以,他其实是一位被误解的个性皇帝。

朱厚照还喜欢逗部下,有一次他外出钓鱼,钓上后问身边的太监:"你说我这条鱼值多少钱?"
"皇上您钓上来的鱼可值五百金!"
"行!那这条鱼五百金卖给你了!"

清——清世宗爱新觉罗·胤禛

● "劳模"皇帝

公元1722年康熙帝驾崩，时年45岁的胤禛登基为帝，这就是声名远播的雍正帝。公元1735年雍正帝逝世，享年58岁。据说，雍正帝在位13年共处理了各种题本约19万件，平均每年约1.4万件。他亲手批复的汉文奏折约3.5万件，满文奏折约6千件，每天平均批奏折约8千字。每天批奏折达到8千字的，绝对是帝王中当之无愧的"劳模"。

身为清朝勤政务实的皇帝，据说雍正每年只休息3天，每天只睡4小时，真正做到了把吃住办公都安排在了养心殿。

● 来之不易的皇位，了不起的作为

说到胤禛为帝的故事，第一件让人想到的就是历史上著名的"九子夺嫡"事件。没办法，自己老爹康熙帝的儿子实在太多，有能力的个个都想做皇帝。

为人处事上，雍正皇帝外冷内热，心机深沉，手段毒辣。艺术上，他的书法、诗词、美学功底都堪称清帝魁首。政治上，设立军机处，取代议政王大臣；改土归流，废除世袭土司，加强对西南地区的统治。军事上，平定罗布藏丹增叛乱，正式将青海纳入清帝国版图；设置驻藏大臣，加强对西藏的行政管辖；与沙皇俄国划定北方边境，为乾隆帝彻底击败准噶尔部，扫平了周边障碍。

● 皇帝有多忙？

雍正在位仅13年就把自己累死了。有多忙多累呢？周末、节假日、年假基本没有。据说，雍正帝每年只在冬至、除夕、自己生日这三天稍稍休息一下。出门度假更是不存在的，雍正帝因为勤政，当上皇帝后，不仅从未去过专为皇帝修建的避暑山庄，甚至连北京城也没出过。实在是名副其实的"工作狂"！

 九子夺嫡，是指清朝康熙皇帝的儿子们争夺皇位的历史事件。当时康熙帝的儿子有24个，其中有9个参与了皇位的争夺。

●复杂的龙纹路

清朝的朝服因为颜色鲜亮，再加上复杂的纹饰，看起来是历史上最奢华的皇帝服饰。据说，做一件朝服，得需要一年多的时间，花费的人力物力相当于在现代买一辆豪华轿车，难怪民间传言皇帝的衣服是金丝做的，因为真的很贵。

时装秀

披领

朝珠

马蹄袖